HISTOIRE

D'UNE PROVENÇALE.

Imprimerie de Ducessois, quai des Augustins, 55.

D'UNE PROVENÇALE

OU

Lettres à Sophie.

PAR

Mlle de Chatelard.

PARIS

CHEZ L'AUTEUR, RUE SAINT-HONORÉ, 363.

—

1837

Monsieur le comte ***,

Permettez-moi de vous offrir la dédicace de ce petit ouvrage ; elles sont passées de mode, il est vrai, ces épitres, mais il faut bien se reporter aux temps passés, si l'on veut du nouveau. Avec des idées nouvelles, on peut reprendre les anciens usages comme les anciennes modes ; j'adopte celui-ci qui me permet de vous dire, monsieur le comte, combien les sentiments qui vous animent sont grands et généreux, dignes de votre haute naissance, dignes de votre grande fortune, dont vous faites un si noble usage dans le siècle d'indifférence où nous vivons et à un âge où, ordinairement, on n'est occupé que de ses plaisirs; vous, monsieur le comte, vous avez le loisir de secourir l'infortune,

et vos nombreux bienfaits di-
sent assez quelle est l'estime
et la haute considération qui
vous entourent.

J'ai l'honneur d'être, monsieur le comte,

Votre très-humble servante,

Joséphine de Chatelard.

PRÉFACE DE L'AUTEUR.

—

L'histoire d'une provençale ou lettres à Sophie, doit se considérer simplement comme un essai littéraire sortant d'une plume peu exercée. L'auteur n'a jamais écrit; pensionnaire de l'ancienne liste civile, sentant la nécessité de faire quelque chose, après avoir délibéré en elle-même, sans guide et sans conseil, elle se décide à marcher dans la voie difficile des lettres.

Le but que l'auteur s'est proposé dans cet ouvrage, est d'amuser quelques moments et de laisser des impressions agréables et douces; les convenances, la morale et les généreux sentiments qui font le partage des personnages qu'il décrit, ont le mérite de la réalité, et la vérité a toujours un certain charme. C'est pour la bonne société qu'il a écrit, et le grand monde a peu de temps à consacrer, mais la brièveté de l'ouvrage lui fait espérer qu'il sera lu, et jugé avec indulgence.

HISTOIRE

D'UNE PROVENÇALE

OU

LETTRES A SOPHIE.

De Lyon.

Je t'avais promis, ma chère Sophie, de t'écrire la relation de mon voyage. J'ai trop de plaisir à m'entretenir avec toi pour manquer à ma parole; enfin je vais revoir mes dieux pénates, la terre classique des anciens poëtes et des troubadours, les bords de la Durance, si souvent chantés, je vais les revoir; que de souvenirs!.... Ne t'attends pas, Sophie, que je te fasse la description des lieux; ces détails minutieux sont intéressants sans doute, quand on parcourt les lointains pays: la différence des mœurs, des usages, un ciel nouveau, des campagnes, des sites différents des nôtres, tout intéresse le voyageur et l'instruit; mais de Paris en Provence, cette route si souvent parcourue, la description de Vienne, de Lyon, serait ridicule et fort ennuyeuse. Je ne te dirai donc que ce qui aura rapport avec mes sensations; nous avons tant d'analogie dans nos goûts, notre manière de voir et de juger des choses, que je suis sûre d'avance que les moindres détails de ce genre ne te seront pas indifférents.

Tu sais que j'avais projeté depuis longtemps mon voyage du midi. Tourmentée du besoin de changer de place, ni ton amitié, ni celle de ton père, n'ont pu faire varier ma résolution. Adieu donc, Paris, ville charmante, séjour de plaisir, de liberté, centre du bon goût, de civilisation et des sciences, adieu!

Je monte en voiture, rue Notre-Dame-des-Victoires, le 11 août 1825 ; mes compagnons de voyage les plus marquants sont un procureur du roi de province, une abbesse, une sœur, un jeune avocat de Paris, plein de suffisance et d'insuffisance, ayant les ridicules manières d'un efféminé du bon ton ; les autres ne valent pas le soin d'être nommés.

Tu me vois emballée dans cette caisse roulante ; le postillon se dispose à quitter Paris, avec cette vitesse et ce fracas que cause toujours le départ des diligences. A peine a-t-on le temps de faire un dernier signe de tête à ceux qui nous accompagnent et qui nous suivent des yeux ; mais tout s'éloigne, change de place et disparaît. Mon voyage a été heureux, mais peu intéressant. Je ne t'écrirai plus maintenant qu'arrivée à ma destination ; compte sur mon exactitude et mon amitié la plus tendre.

Clémence.

Me voilà arrivée au lieu de ma naissance, que je revois avec tant de plaisir ;
mais que de changements depuis huit
années d'absence ! Dans cet intervalle,
j'ai perdu mon père que je laissai plein
de vie et de santé ; je ne devais plus le
revoir, ce bon père ! Conçois-tu ma douleur ? Mon premier soin a été d'aller visiter son tombeau. L'ombre de ce père
jetait sur moi tant de considération ! L'estime, le respect qui l'entouraient rejail-
lissaient sur sa fille. Je perdis ma mère
fort jeune, tu le sais, mon père était donc
mon seul appui. Maintenant seule, isolée,
ton amitié et celle de ton père, c'est tout
ce qui me reste : ne t'attends pas, Sophie,

que cette lettre te donne des détails sur
mon voyage : tout entière à ma douleur
profonde, je perds de vue tout le reste;
le sentiment qui la remplit ne saurait
s'allier avec des relations qui lui seraient
étrangères. Cette feuille, consacrée à l'a-
mour filial, ne contiendra que mes regrets; mais en quittant ma plume, or-
gane de mes sentiments, je te fais la
promesse, Sophie, de la reprendre bientôt et d'entrer dans les moindres détails.

Fidèle à ma promesse, je reprends la plume pour te conter, Sophie, ces petits riens qui t'intéressent. Je partis de Lyon le 13, j'arrivai à Avignon le 17, où ma vieille et bonne gouvernante m'attendait. Quelle fut sa joie de me revoir ! des larmes d'attendrissement coulaient de ses yeux. Je n'étais pas moins émue en serrant dans mes bras celle qui éleva mon enfance et soigna mon père : elle a droit à ma reconnaissance, à mon affection; je ne l'oublierai pas; je prendrai soin de sa vieillesse. Après avoir couché à Avignon, nous en repartîmes le lendemain matin, dans une voiture particulière; il ne m'est rien arrivé de remarquable en route. Je

ne t'entretiendrai que de mes sensations,
mon esprit était tourné à la mélancolie.
Les femmes du midi sont sensibles et un
peu romanesques, surtout les Provençales. Je me livrais donc à mes rêveries,
tandis que ma gouvernante me contait
des histoires, pour me mettre au courant
des anecdotes du pays. C'est ainsi que
nous roulions et que nous approchions
de ma ville natale. A mesure que la campagne s'offrait à mes regards et déroulait
ses beautés à mes yeux, elle m'attachait
toujours plus; les champs d'oliviers, d'a-
mandiers, ces vallons si fertiles et ces
coteaux verdoyants, plantés d'arbres frui-
tiers, que d'intérêt pour le voyageur qui,
après un long espace de temps, va revoir
les lieux de son enfance. C'est ainsi et dans
cette disposition de l'âme que nous des-
cendîmes de voiture à Salon. En arrivant,
tu sais quels furent mes premiers soins.
Adieu, Sophie, je t'écrirai pour te peindre les localités que tu désires connaître.

Salon, petite ville de six mille âmes:
l'air y est excellent, sa situation est gra-
cieuse ; la campagne riche, belle et va-
riée, est arrosée par deux canaux, Bois-
jelin et Craponne ; ils tirent leurs noms
des ingénieurs célèbres qui ont fécondé
ce beau pays, en y conduisant les eaux
de la Durance, et l'on voit leurs bustes
sur deux jolies fontaines qui se trouvent
à peu de distance sur un très-beau cours
qui traverse la ville ; ce cours, planté
d'antiques ormeaux, est la promenade
ordinaire du pays. Cette ville de l'ancienne Gaule n'est étrangère ni aux
sciences, ni aux arts ; elle a donné naissance à des savants et à des littérateurs

distingués. MM. de Lamenon, dont l'un des frères périt dans la malheureuse expédition de l'infortuné La Peyrouse, le poëte Esménard, l'auteur de Trajan et du poëme de la Navigation ; dans les beaux-arts, ma plume te tracera le nom de Champagne, auteur de la Mélomanie ; c'est aussi la patrie de Nostradamus. Dans ce pays, on a toujours beaucoup aimé les lettres. Je passe sous silence quantité de poëtes aimables, dont la nomenclature des noms serait fastidieuse.

Nous avons une très-belle cathédrale ; cette église, ouvrage des Romains, se trouve à l'extrémité de la ville, dans une situation des plus pittoresques, sur une place entourée d'ormeaux et dominée par de magnifiques jardins. Avant de te quitter, je te dirai aussi un mot des habitants ; ils sont gais, spirituels, la jeunesse est brillante ; les femmes, jolies et coquettes, aiment beaucoup la danse : on danse au son du tambourin ; cet instrument joyeux accompagne toutes les fêtes, les mariages, les baptêmes et même les processions. Tu vois, Sophie, que je n'omets rien de ce que je pense devoir te faire plaisir ; mais tous ces petits détails, tracés d'une main faible, ne peuvent intéresser que toi ; l'amitié fait trouver des charmes aux moindres bagatelles.

Adieu, Sophie, cette lettre ne partira qu'avec d'autres, je te fais un paquet que je t'enverrai par une occasion bien prochaine.

Clémence.

Ma vie est tellement solitaire, ma chère Sophie, que mon unique plaisir est de m'entretenir avec toi; la vaste maison que j'occupe me semble un désert, je n'y retrouve plus mon père; tout me le rappelle et entretient ma douleur; quand je considère son portrait et ceux de mes nobles aïeux, cette collection de famille m'attriste beaucoup, et les souvenirs mélancoliques s'emparent de moi; aussi une parente éloignée, sentant ma position et voulant y apporter quelque distraction, m'écrit et me fait l'invitation la plus aimable d'aller passer quelques mois à sa terre, située en Crau; cette vaste plaine de cailloux qui a sept lieues de circonférence, se trouve entre Salon et Arles, et ce n'est qu'à des distances très-éloignées, que l'on peut apercevoir des groupes d'arbres; alors, le voyageur peut se dire : Voilà une habitation. C'est là, Sophie, dans ce séjour si peu romantique que je dois aller bientôt; la marquise de Dorville ne me donne que peu de temps, attendu que c'est bientôt sa fête, qu'elle réunit au château grande société; l'on ne peut se passer de moi, dit-elle ; que j'amène ma fidèle gouvernante, on aura besoin d'elle; c'est une attention très-aimable et délicate; elle a raison, je n'aurais pu me passer des soins de cette bonne fille, je la regarde comme une mère, et je ne serais pas satisfaite si elle n'était avec moi.

Cette lettre, je ne la fermerai pas, puisqu'elle doit grossir le paquet que je te destine, je la continuerai à mon arrivée au château de Boisvert; c'est le nom de cet antique manoir où je vais aller, qui est du reste fort joli; la dame du lieu est une femme de beaucoup d'esprit; son château est le rendez-vous de la société lettrée, je me fais d'avance un plaisir d'entendre raisonner, discuter ; l'esprit a besoin d'aliment; ce qui le rend malade, ce sont les sottes conversations, les conversations puériles et sans intérêt qu'on est obligé d'entendre dans le monde, on écoute et on répond, il est vrai, avec distraction; mais cela n'empêche pas de sentir tout le poids de ces fadaises si ennuyeuses.

Me voilà, Sophie, installée au château de Boisvert, au milieu d'une société aimable. La marquise, qui était instruite du jour de mon arrivée et qui en guettait le moment, était venue m'attendre au bout d'une longue avenue de marronniers qui conduit directement au château ; c'est là, sur les limites de ses terres, qu'assise modestement sur un banc, elle portait ses regards sur le chemin pierreux par où je devais arriver, et m'ayant aperçue de loin, elle se leva pour venir à ma rencontre. J'étais montée sur un petit coursier qui allait au pas ; ma fidèle Marie marchait à mes côtés, quelquefois elle montait, et je marchais à mon tour ; c'est ainsi que nous avons fait la route. Ayant reconnu madame de Dorville, je donnai de suite la bride de mon cheval à garder à ma gouvernante. J'allai la joindre avec empressement; je ne te détaillerai pas, Sophie, l'accueil qu'elle me fit; il fut simple, amical, et Marie eut aussi part à sa réception flatteuse; madame la marquise lui adressa souvent des paroles pleines de bonté. J'étais si sensible à tant de démonstrations affectueuses que je me sentais de la bienveillance pour tout le monde; c'est dans ces dispositions que nous cheminions sous les ombrages frais de beaux marronniers en fleurs; nous entrâmes au château par une porte de derrière; c'est afin, me dit la marquise, que vous puissiez, sans être vue, vous reposer plus à votre aise. Elle donna des ordres pour qu'on nous servît de suite des rafraîchissements, et eut la bonté de nous tenir compagnie en prenant part à cette petite collation; ensuite elle me dit: Allez vous reposer, mon enfant, vous devez être fatiguée, ma femme de chambre vous conduira à votre appartement. Je montai à ma chambre; Marie me suivait chargée d'un grand coffre où j'avais mis quelques effets, en attendant une malle que le fermier du château doit bientôt m'apporter.

La chambre que j'occupe est modestement décorée, elle se ressent de cette simplicité qui accompagne tout dans ce château et qui se trouve si bien en harmonie avec mes goûts ; la société est tout à fait sans façon, sans cependant manquer de ce bon ton, de cette délicatesse qui tire son origine du cœur, plutôt que de l'éducation ou de l'habitude du grand monde. La maîtresse de la maison est si bonne, si aimable, que son influence se fait sentir partout, et l'on s'estime heureux de pouvoir l'imiter. Félicite-moi, Sophie, de me trouver en telle compagnie, et de pouvoir, avec calme, me reposer des fatigues du monde, où il est si rare de rencontrer des gens d'un bon esprit; pardonne-moi, ma chère, si ces réflexions et ces dissertations m'éloignent de mon sujet, je t'ai promis des détails, tu les aimes, je te dois la description de mon petit appartement. Deux chambres à coucher, une pour ma gouvernante, et l'autre pour moi, précédées d'un petit salon, dont les fenêtres ont vue, du côté du midi, sur un très-beau jardin, et du côté du nord, sur un bosquet charmant, où la prune et le raisin sauvage, s'élèvent, entrelacent les arbustes et les bruyères, et où le rossignol chante constamment et fait entendre ses sons les plus doux. Le soleil brûlant du midi se fait jour à travers les jeunes ombrages, mais il est tempéré par de petits ruisseaux qui serpentent çà et là dans ce riant séjour, où le ciel est toujours pur et sans nuages.

Notre société habituelle se compose du petit-fils de madame de Dorville, d'une dame et du curé du lieu. Ces personnages sont remarquables par leurs maniéres et leur esprit; le jeune comte est charmant, la dame est si intéressante que j'aurai occasion de t'en entretenir; M. le curé est un savant qui s'occupe beaucoup de physique, d'astronomie, de chimie, et pour les arts mécaniques il est d'une adresse incroyable, il fait de tout, jusqu'à des pianos; il est grand musicien, aussi les chambres du château sont-elles presque toutes converties en laboratoires et en ateliers: la marquise que j'appellerai désormais ma tante (m'ayant présentée comme sa nièce), s'occupe aussi beaucoup de sciences, et lorsque la conversation s'engage avec le savant curé, nous y prenons part en écoutant les dissertations dont les expériences se font sous nos yeux. Ma tante, qui passe toute l'année à la campagne, et qui n'a pas quitté sa terre depuis son veuvage, reçoit les journaux de Paris, tous les ouvrages nouveaux, rien ne manque, on est au courant de tout; on reçoit bien des visites ici ; car les personnes qui ont des affaires embarrassantes ou qui sont malheureuses , viennent chercher des conseils ; on leur donne des consolations actives, de la protection, et tout le monde s'en va content. Le couvert est toujours mis pour ceux qui veulent partager le dîner, sans que le cuisinier s'occupe davantage du soin de l'augmenter; la marquise ne fait pas de distinction de rang, ni de fortune, pas même de la différence de religion, car M. le curé souvent, à table, se trouve entre un juif et un protestant, et si la marquise a quelque déférence marquée, ce n'est que pour le malheur et la vertu: ainsi tu vois, Sophie, comme tout marche dans ce château.

Nous avons célébré pendant deux jours la sainte Marie, fête de madame de Dorville; chacun de nous lui a présenté la fleur de son choix. Mon bouquet se composait du muguet et du jasmin, je ne sais pas pourquoi je n'aime plus la rose ; cette reine des fleurs était entre les mains de madame de **. Le jeune comte et un de ses amis qui était venu ce jour-là, avaient cueilli dans le jardin, l'œillet aux mille couleurs, et le savant curé ouvrait la marche, l'immortelle à la main; mais il nous réservait à tous une surprise des plus agréables; après le souper, il faut te dire, Sophie, que l'on soupe au château, on a conservé cet ancien usage; après le souper, on a l'habitude d'aller respirer le frais sur une très-belle terrasse ; M. le curé nous y avait précédé, et nous ne fûmes pas plutôt arrivés, que de belles fusées s'élevant, retombaient gracieusement à nos pieds ; ce n'est pas tout ! comme nous allions de surprise en surprise, un joli feu d'artifice semblait compléter la fête ; mais il ne fut pas plutôt fini, qu'une sérénade villageoise se fit entendre dans le bosquet ; ces bons villageois , les tambourins en tête, avaient aussi voulu donner à la marquise des témoignages de leur reconnaissance. Ma tante, sensible à ces marques d'affection, me dit : Ma nièce, faites venir ces honnêtes laboureurs, je veux les remercier et les régaler; toute cette jeunesse ne fut pas plutôt entrée, que la table fut couverte d'excellents vins et de bonnes liqueurs. On but à la santé des Marie; ma bonne gouvernante était bien contente, elle s'appelle Marie elle aussi. Après avoir réitéré les toasts , chacun se souhaita le bonsoir, et fut se coucher dans les meilleures dispositions possibles.

Le lendemain, à peine le soleil se levait plus radieux que jamais, qu'au loin, les cloches annonçaient aux paroissiens la solennité de la Vierge; on se lève au château plus tôt que d'habitude ; on se hâte de déjeuner pour assister à la grand'messe. M. le curé avait composé de la bonne musique pour ce jour-là, et des musiciens choisis devaient l'exécuter : nous nous pressâmes de nous mettre en route, et la troupe châtelaine cheminant vers la paroisse , y arriva au dernier de la messe, et chacun se plaça dans l'église à sa fantaisie, ne voulant pas nous mettre ensemble, pour mieux nous trouver mêlés à ces bons villageois. Après la messe, nous fûmes au presbytère ; on y avait préparé à dîner pour ne pas retourner au château durant la grande chaleur, puisque nous devions assister à l'office de l'après-midi. Après vêpres, les cérémonies se terminèrent par la procession de la Vierge, qui se fait ordinairement autour d'une belle prairie toujours émaillée de fleurs et bordée de mûriers, dont le feuillage garantit des ardeurs du soleil ; à peine l'office fut-il terminé, que l'on entendit le son joyeux du tambourin, appeler au bal les jeunes villageois ; nous aussi nous dansâmes au château sous les grands marronniers.

Je vais cacheter mon paquet, la personne qui doit te le remettre, part demain pour Paris ; avant de te quitter, Sophie, je te dis mille et mille choses affectueuses, et pour ton père, je ne sais de quelles expressions me servir, heureusement que tu seras mon interprète ; dis-lui tout ce que ton cœur te dictera, et tu auras deviné le mien. Adieu, j'attendrai de tes nouvelles avec beaucoup d'impatience.

Clémence de Bocbelle.

Ma chère CLÉMENCE,

Ce paquet qui contenait toutes tes lettres, nous l'avons reçu avec cet empressement qu'on éprouve en recevant une
chose qu'on attend et qu'on désire vivement. La description de ton voyage, tout
simple qu'il est et sans événement remarquable, nous a beaucoup intéressés ; mon
père en a été charmé. Nous les relisons
ces feuilles qui peignent si bien les lieux
que tu habites et la société qui s'y trouve ;
mais à peine nous dis-tu un mot sur les
personnes qui la composent et que nous

désirons connaître plus amplement; et l'intéressante madame de *** surtout, entre à son égard dans les moindres détails; ainsi, tout le temps que tu resteras à la campagne, écris et conte-moi tout ce que tu sauras. Ma chère, songe que je suis d'esprit au château de Boisvert, que cette société devient la mienne; j'ai donc besoin de me mettre au courant. Mon père, qui avait toujours projeté d'aller visiter les lieux qui laissent des souvenirs poétiques, aurait commencé par la Provence, où la lyre des troubadours a résonné si longtemps; mais comptable de ses moments, à la tête du barreau, les vacances lui laissent à peine le temps d'aller dans sa terre de D***, pour régler ses intérêts; je l'aurais accompagné dans ce voyage, et les voyageurs auraient demandé à l'hospitalière marquise de les recevoir quelques jours; mais il me faut renoncer à ce plaisir pour cette année, et tu me dois du dédommagement. Dis-moi, Clémence, je n'ai jamais su quels étaient les motifs qui déterminèrent ton père à t'envoyer à Paris et à se priver ainsi de sa fille chérie, de sa fille unique, qu'il aimait tant. Si rien n'empêche ce récit, fais-le moi ; je le réclame de ton amitié. Adieu, Clémence, mon père et moi nous t'exprimons notre affection la plus tendre.

Sophie de D***.

Le temps que je passerai à la campagne, dis-tu, doit être employé à l'entretenir des moindres détails, et surtout
à te conter l'histoire de madame de ***,
qui t'intéresse très-vivement, d'après le
peu que je t'en ai dit. Je veux bien contenter ton désir, puisque les longues
promenades que nous faisons ensemble
nous mettent à même de causer des événements de notre vie, accompagnés de
ces réflexions et de ces observations ac-
quises par le malheur. Je lui ai fait part
de ta lettre, pour connaître son intention
et savoir s'il n'y aurait pas d'indiscrétion
à communiquer à une autre les confidences de l'amitié. Non, ma chère Clé-

mence, m'a-t-elle dit, cette autre est votre amie, je lui voue d'avance mon estime. Nous sommes donc convenues que, pendant la grande chaleur, et tandis que tout le monde repose dans le château, nous, assises au bord d'un ruisseau, dans le bosquet, malgré le chant des oiseaux, je tâcherai de suivre et de tracer son intéressante narration; mais avant, puisque tu désires connaître ce qui détermina mon père à m'éloigner de lui et à se priver de mes soins, je te dirai qu'un mariage avantageux était arrêté entre mon père et M. de Bléville, son ami, dont je devais épouser le fils. Ce mariage était à la veille d'être conclu, et Félix de Bréville en attendait le moment avec toute l'impatience de l'amour : cet hymen assurait notre félicité et celle de nos parents. Mais que le mal est proche du bien ! Un incident devait faire évanouir ce rêve de bonheur. Félix avait enlevé, il y a plusieurs années, la fille d'un gentilhomme, le baron d'Albes; la chose n'avait pas transpiré, le baron avait été obligé de reprendre sa fille, les jeunes gens n'étaient pas majeurs. Il attendait l'époque de leur majorité, pensant qu'alors rien ne s'opposerait plus à une union que l'honneur prescrivait. Le baron, ne voulant rien brusquer, combinait ses moyens de réussite, lorsque le bruit de mon mariage le détermina à se presser. Il écrivit à mon père, lui fit part de son malheur, et terminait sa lettre en lui disant : « Je sais que toujours l'honneur « fut votre guide, et votre décision ne « saurait être douteuse dans cette cir- « constance. » Sophie, tu dois bien penser que mon père ne balança pas à renoncer à cette union ; mais sa douleur fut grande en pensant à sa fille, et, le cœur navré, il me fit part de cette triste nouvelle : il me sembla qu'un coup de foudre me terrassait, et je perdis connaissance. Plusieurs jours se passèrent dans une fièvre délirante, et lorsque je fus un peu mieux, je me trouvai entourée de mon père, de M. de Bréville et de son fils. Tout le monde gardait un morne silence; je le rompis et je dis : Puisque nous voilà réunis, décidons quelque chose en faveur d'un père qui demande une réparation d'honneur. Clémence, j'étais bien sûre d'avance de la générosité de tes sentiments, me dit mon père, et puisque nous devons tous faire des sacrifices en ce jour, nous t'imiterons; j'ai fait part de la lettre du baron à M. Bréville; il ignorait totalement l'imprudence de son fils, et il souffre beaucoup de ne pouvoir t'appeler sa fille, tu aurais fait la joie de sa vieillesse; mais ce qui doit nous consoler, c'est de faire notre devoir. Ce jeune homme, objet de notre sollicitude, encourageons-le à faire le sien, en épousant la fille du baron, avec le consentement de son père. Je vous ferai connaître, dit Félix, ma résolution par écrit. Pour le moment, occupons-nous de la convalescence de mademoiselle de Rocbelle. Je lui tendis la main, il la baisa avec le sentiment de la plus profonde sensibilité; je sentis ses larmes couler. J'étais si troublée, que j'avais besoin de repos. Mon père, qui s'en aperçut, sonna ma gouvernante pour me donner des soins, et l'on se retira. Je rassemblai mes forces et tâchai de faire usage de ma raison ; c'est une chose bien nécessaire dans la vie où l'on rencontre tant d'obstacles au bonheur. Je désirais connaître et pourtant j'attendais avec anxiété cette lettre qui devait irrévocablement fixer mon sort. J'étais hors de tout danger, ma convalescence tendait à sa fin ; M. de Bréville et son fils s'informaient soigneusement de mes nouvelles et venaient me voir souvent. Malgré ces visites, le bruit s'était répandu dans la ville que mon mariage était rompu, ce qui donnait matière à toutes sortes de conjectures. Un matin qu'avec mon père, nous nous promenions dans le jardin, et qu'il tâchait de dissiper ma tristesse, en me faisant envisager les événements de la vie sous un point de vue philosophique, ma gouvernante vint lui apporter une lettre. Un pressentiment me dit de qui elle était, et mon père, en ayant rompu le cachet avec empressement, la lut avec

grande attention; ensuite il me la remit :
la voilà, Sophie, cette lettre, je la trans-
scris; elle est gravée dans ma mémoire
aussi bien que dans mon cœur.

Monsieur,

« Après avoir bien réfléchi et inter-
» rogé mes sentiments, l'amour que je
» porte à mademoiselle votre fille est
» trop fort pour que je puisse, en rom-
» pant un hymen si cher, en contracter
» de suite un autre imposé par l'honneur;
» le temps qui triomphe de tout, peut-
» être plus tard, rendra mes regrets
» moins vifs, alors seulement j'aurai la
» force de satisfaire à ma parole ; en at-
» tendant je vais entreprendre un voyage
» lointain, je pars demain pour Toulon,
» le vaisseau sur lequel je dois m'embar-
» quer est à la veille de son départ ; j'ai
» communiqué cette résolution au baron
» d'Albes : je vous demande la permis-
» sion de venir vous faire mes tristes
» adieux.

34

« Agréez, je vous prie, l'expression
» de mes sentiments respectueux. »

Félix de Bréville.

Cette lettre, toute fâcheuse qu'elle
me semblât, me satisfit pourtant, quoique j'y visse par la suite un mariage indispensable; je me disais pour me consoler, il arrive tant de choses dans la
vie ! qui sait; mais cette phrase, le temps
triomphe de tout, me faisait soupirer;
il ne m'aimera donc plus, me disais-je,
et alors un sentiment pénible s'emparait
de moi; le soir nous eûmes la visite de
M. de Bréville et de son fils, nous tachâmes de ne pas nous laisser dominer par la
tristesse; M. de Bréville étant un ancien
ami de mon père, tout en causant, racon-
tait différents faits dont ils avaient été les
témoins; Félix et moi nous tâchions également de nous faire illusion en considé-
rant ce voyage comme une chose ordinaire, en écartant surtout le motif qui

le déterminait; enfin nous étions tout aussi raisonnables que possible. L'heure du souper arrivant, mon père retint ces messieurs; on mangea peu, on parla peu; mais chaque parole était recueillie par le cœur; il fallut se séparer, ce fut le moment le plus pénible. En se disant adieu, la tristesse était profonde, mais on se fit violence et l'on se quitta : La soirée était déjà bien avancée, que mon père et moi ne songions guère à prendre de repos; il fallut cependant se déterminer à se coucher; *mais que la nuit est longue à la douleur qui veille.*

Pendant longtemps rien ne put dissiper ma mélancolie, je ne voulais voir personne, les conjectures allaient toujours leur train, j'étais bien sûre que j'aurais été en butte à des questions indiscrètes, si j'avais reçu des visites. Une petite ville de province ne peut offrir de distraction, lorsqu'on éprouve un grand chagrin; au contraire les commentaires auxquels nos peines donnent lieu, ne peuvent que l'aggraver; mon père, qui était un homme d'esprit, sentit cette position difficile, et voulut éviter un état de marasme qui me serait devenu funeste ; il consulta ma tante ; la marquise fut de son avis et il fut décidé entre eux que l'on m'enverrait à Paris , seule ville pleine de distractions inévitables qui ne manqueraient pas, sans doute peu à peu, de dissiper mon ennui. Sophie, les personnes de la Provence sont extrêmes dans tout ; la joie comme la tristesse n'ont pas de bornes ; surtout ce dernier état ne leur est pas naturel, il lui faut apporter un prompt remède , sans cela il nous tuerait. Il fut donc décidé que je partirais pour Paris, et voilà ce qu'on imagina pour m'y décider, sentant bien que je ne voudrais pas quitter mon père. Un jour il me dit : Tu sais, Clémence, que depuis longtemps ma fortune est dérangée, la révolution de 89 l'a réduite au trois quarts ; il faut que je cherche le moyen de la rétablir et de payer mes créanciers , ma présence est ici nécessaire et pourtant il faudrait que je fusse

ailleurs ; tu peux m'aider dans cette circonstance, ma fille ; mais pour cela il
faudrait nous séparer. Tu peux compter
sur moi, lui dis-je ; mais n'y aurait-il pas
moyen de ne pas se quitter ? C'est impos-
sible, me dit-il, pour le moment, voilà
de quoi il s'agit : On a accordé aux émi-
grés une indemnité, j'y ai droit, il me
reviendra à peu près trente mille francs;
cette petite somme est suffisante pour
me libérer et me tranquilliser ; mais si
personne ne poursuit cette affaire pour
moi à Paris, ce sera long ; la marquise
est d'avis que tu y ailles, ma fille ; en
province, on ne veut pas traiter les affaires avec les femmes ; mais à Paris, au
contraire, les dames s'en occupent avec
succès, et lorsque ma liquidation sera
terminée, que j'aurai satisfait à mes engagements, j'irai te joindre, Clémence, pour
ne plus nous quitter ; mais en attendant,
prenons sur nous de nous séparer mo-
mentanément. La marquise qui pense à
tout, ma fille, t'adressera à la veuve
d'un brave officier ; cette dame, qui n'est

pas riche, jouit néanmoins d'une grande considération et voit la meilleure société; elle te servira de mentor, tous les arrangements sont pris , c'est à toi à fixer le jour de ton départ ; madame de Saint-Elme, qui va rejoindre son mari , veut bien différer son voyage pour t'attendre. Je répondis à mon père que je ferais tout ce qui lui serait agréable, mais que de m'éloigner de lui , c'était bien pénible. Songe, ma fille, me dit-il, que ce ne sera pas pour longtemps. Il fallut bien se rendre à ses raisons, et les apprêts de mon voyage furent bientôt terminés. Je n'avais plus qu'à prendre congé de ma tante, je fus la voir à sa terre, et en me donnant des témoignages de son affection , elle me fit promettre de lui écrire. C'est au commencement du mois d'octobre que je m'éloignai de ma ville natale que je n'avais jamais quittée ; mon père et ma gouvernante m'accompagnèrent jusqu'à Aix, où je devais prendre la diligence avec madame Saint-Elme. Ce qui me consolait en m'éloignant de mon père, c'était l'espoir de le revoir bientôt ; mais la Providence en avait disposé autrement, et au moment où nous devions nous réunir, une maladie dont les symptômes n'étaient pas alarmants l'enleva dans peu de jours ; j'appris sa mort sans avoir connu sa maladie. Il ne me reste plus personne de ma famille, la marquise est la seule dont je puisse me reclamer ; tu vois, ma chère Sophie, que j'ai fait des pertes douloureuses. Déçue dans mes plus chères affections, j'ai tout perdu, espérance et bonheur.

Depuis quinze jours, tout est sens dessus dessous ici. Ma tante a été dangereusement malade, Madame de *** n'a pas quitté le chevet de son lit, le jeune comte et son ami ne vont plus à la chasse, moi, allant et venant, je donne des ordres. Les bons villageois aussi alarmés que nous pour les jours de leur protectrice, s'empressent tous à s'informer de ses nouvelles; ce n'a été que le neuvième jour de sa maladie que l'on a eu un peu d'espoir, et maintenant l'on n'a plus rien à craindre; mais elle ne quitte pas encore sa chambre, nous lui tenons compagnie, nous nous réjouissons de lui voir reprendre ses forces de jour en jour; elle nous

remercie de nos soins officieux, elle cherche à nous distraire et comme sa mémoire est excellente et sa tête richement
meublée, sa conversation est aussi, in-
structive qu'amusante, ce qui fait que
nous ne regrettons pas la promenade ni
même le charmant bosquet; mais comme
sa santé s'améliore rapidement, je pense
que chacun reprendra bientôt sa manière
de vivre, alors je prierai Madame de ***
de me tenir parole en me contant son
histoire.

Tout le monde a repris ses habitudes ordinaires, nous également. Madame de *** et moi, sommes revenues au charmant bosquet que nous avons choisi pour y passer les moments de la grande chaleur; cet endroit, Sophie, est délicieux et invite aux confidences du cœur, aussi n'ai-je pas manqué de rappeler à ma compagne le récit intéressant qu'elle m'a promis : je le veux bien, m'a-t-elle dit; mais je suis, ma chère Clémence, bien embarrassée; lorsqu'il s'agit de parler de soi et de le faire convenablement, c'est difficile; les éloges qu'on se donne paraissent exagérés, nos défauts au contraire semblent à ceux qui nous écoutent se déguiser sous des couleurs favorables : malgré ces inconvénients, je veux bien contenter, Clémence, votre désir.

Mon père, le comte de Rosemont, avait épousé en premières noces une Lorraine qui possédait de grands biens; deux fils naquirent de cette union, ils donnaient les plus belles espérances; mais une mort prématurée les enleva à la tendresse de leurs parents. La comtesse de Rosemont en ressentit une si vive douleur qu'une maladie de poitrine la conduisit en peu de temps au tombeau; le comte de Rose-mont était à son régiment lorsqu'il apprit la mort de sa femme. Il le quitta de suite et donna sa démission, puis revint en Lorraine, et mettant ordre à ses af-faires, autorisa son fondé de pouvoirs à traiter pour la vente de ses biens; il se hâta de partir d'un pays où il avait éprouvé des pertes si douloureuses, et vint à Arles, lieu de sa naissance, y acheta un très-beau domaine qui, anciennement, avait appartenu à ses ancêtres, et c'est là qu'il passa tout le temps de son veu-vage: mon père, de sa maison n'était pas riche, sa famille toute militaire s'était ruinée au service de l'état; mais les biens que lui laissait sa femme, le mettaient à même de rehausser l'éclat de son nom; sa fortune placée dans le territoire d'Arles, consistait en belles propriétés en Camargue; ce terrain si fertile en blé, en bestiaux est des plus productifs. La Camargue a sept lieues de circonférence; Arles est une ville ancienne, remarquable autant par les antiquités qu'elle renferme, que par les mœurs et le costume de ses habitants.

Je n'entrerai pas dans des détails circonstanciés; les monuments, restes des anciens Romains, qui couvrent entièrement sa surface, sont trop multipliés; le musée de Paris en possède plusieurs. L'origine d'Arles n'est pas connue, quantité de rois y ont fait leur demeure. Constantin, premier roi des chrétiens, en fit le siége de sa cour; on y voit encore les ruines du palais qu'il habitait; à Notre-Dame de la Majeure, on prêche chaque année, un sermon dont le texte est, Arles antique,

Arles savante, Arles religieuse. Ce sermon déroule et présente des faits dont l'origine remonte aux temps les plus reculés; il est fort intéressant à entendre : mais je m'écarte de mon sujet. Le comte, après que le grand deuil fût passé, quitta la campagne, vint à Arles, y acheta une belle maison et la disposa de la manière la plus commode, la meubla élégamment. M. de Rosemont était beau, riche et noble, en voilà assez pour que les plus belles demoiselles eussent des vues sur le jeune veuf; mais il n'en avait distingué qu'une, et une seule fixa son cœur : ma mère, orpheline dès son bas âge, vivait avec une de ses tantes, sœur de son père, cette tante l'aimait beaucoup ; mais malheureusement elle avait peu de fortune, et elles étaient obligées de vivre modestement. La société à Arles est bien peu de chose, ou plutôt il n'y en a pas du tout; ce n'est qu'au carnaval qu'elle se réunit pour danser. Ces bals seraient très-beaux, parce qu'ils sont bien ordonnés et que les femmes sont jolies; mais la noblesse qui est en grand nombre a même entre elle une morgue et une suffisance qui en détruisent tout l'agrément; c'est dans une de ces réunions que mon père vit pour la première fois Mademoiselle de Belaire, il en devint amoureux. Elle était fille d'un ancien officier qui avait fait un mariage d'amourettes, ce qui n'avait pas peu contribué au dérangement de sa fortune. Il mourut au champ d'honneur, sa femme ne lui avait survécu que peu de temps, et ma mère n'avait que dix ans lorsqu'elle perdit les auteurs de ses jours. Élevée par sa tante qui la chérissait, elle voyait peu de monde ; le carnaval fini, chacun reste chez soi, M. de Rosemont ne savait donc comment faire pour voir celle qu'il aimait déjà et à laquelle pourtant, il n'avait adressé que des paroles de politesse; la promenade, l'église, étaient les les seuls endroits où l'on pouvait la voir. A Arles il y a une promenade d'étiquette hors la ville, qu'on appelle la lice; mais ce n'est qu'aux fêtes carillonnées que les jolies femmes du pays s'y mon-

trent dans tous leurs atours. Le jour de
la vierge d'août, les grisettes s'y réunis-
sent dans leurs plus riches et leurs plus
galants costumes : les dames y sont mises
comme partout ; mais ce qu'on ne voit
pas ailleurs, c'est autant de belles femmes
réunies ; aussi les étrangers venaient au-
trefois ce jour-là, exprès pour les voir ;
mais le costume des Arlésiennes a subi
des changements qui ne lui sont pas aussi
avantageux.

Le comte de Rosemont au milieu de
tant de beautés n'en voyait qu'une ; il se
détermina à lui faire l'offre de sa main et
de son cœur, qui fut acceptée à la grande
satisfaction de la tante, qui pensait qu'un
mariage aussi avantageux assurait le
bonheur de sa nièce.

Ma mère n'avait que dix-huit ans lorsqu'elle épousa mon père, dont la bonne
mine et les qualités aimables avaient plus
d'une fois fait battre son cœur, et le jour
qu'il la conduisit à l'autel, chacun se disait en les voyant : qu'ils sont bien assor-
tis ! qu'elle est jolie ! puisse ce couple fortuné vivre longtemps ensemble !

Il y avait bientôt près de deux ans que ma mère était mariée, et elle n'avait pas encore eu d'enfant; mais au bout de la troisième année, je vins au monde; on me donna le nom de Rose, c'était celui de ma mère, ma grande tante me tint sur les fonts baptismaux avec un parent de mon père; il faut vous dire, Clémence, que mon père était fils unique, ma mère également, et moi aussi, ce qui me prive de proches parents. Je fus élevée au milieu des divertissements et des fêtes ; mon père était fort gai, il aimait les plaisirs, sa maison fut ouverte à la plus aimable société et ma mère en faisait les honneurs avait une grâce toute particulière. Cette manière de vivre m'avait donné un caractère enjoué; mais j'étais sujette à la mélancolie, du moment qu'un peu de solitude me laissait à moi-même; j'étais d'une extrême sensibilité; heureusement qu'elle était tempérée par une légèreté d'esprit qui la rendait moins dangereuse; je ressemblais en tout à mon père, au physique comme au moral; mon père avait une tournure élégante, les manières du grand monde, un air grand et distingué, les sentiments généreux, et la grandeur d'âme qui l'animait, se peignait sur sa noble physionomie, en un un mot, c'était un bel homme, il avait beaucoup voyagé, ce qui lui donnait de l'aisance et une assurance modeste, accompagnées d'une extrême bonté, qui le faisait remarquer avec avantage ; j'entendais si souvent dire que je lui ressemblais, que j'en étais toute fière ; on m'avait surnommée la belle Rose ; la bonté du cœur, la beauté, n'ont pas fait mon bonheur : au contraire, favorisée des dons de la nature, on négligea mon éducation ; avec de l'esprit et de la raison, j'étais cependant incapable de me fixer sur des choses sérieuses, cela peut m'avoir nui ; mais d'un autre côté, ça m'a servi à me faire supporter mes malheurs ; et sans me donner la peine de réfléchir sur les effets, et les causes, je dirai comme le philosophe, que tout va pour le mieux dans le meilleur des mondes.

Enfin, j'étais si heureuse que chaque jour se passait avec une rapidité qui ne me laissait pas le temps de la réflexion; les plaisirs naissaient sur mes pas; on me conduisit jeune dans le monde, et la flatterie m'entourait de toute part : j'étais très-coquette ; ce défaut, naturel aux jeunes personnes, vous savez, Clémence, qu'il est commun à toutes les femmes du midi, c'est une coquetterie d'esprit plutôt que de toilette ; car les Provençales ne sont pas comme les Parisiennes, petites maîtresses, au contraire, elles ont beaucoup d'abandon et un laisser-aller qui séduit par sa négligence même; leur esprit, comme leur figure, varie d'une manière étonnante, et leur caractère mobile, est tour à tour, gai, tendre, mélancolique et romanesque. Vous croyez toujours vous être trompé dans le jugement que vous en portez; les plus folâtres n'en sont pas moins bonnes et sages ; mais les parents les laissent trop aller à leurs impulsions variables, parce qu'eux-mêmes, malgré l'expérience des années, conservent ce caractère , et il n'est pas rare de voir des vieillards de quatre-vingts ans , avoir toute la vivacité et la pétulance de la jeunesse ; joignez à cela une franchise extraordinaire, on aime à penser haut dans ce pays, ce qui donne aux habitants de la Provence l'air d'une colonie. Le peuple ne diffère des gens comme il faut que par l'éducation, il est spirituel , original et très-amusant, conservant le sentiment des convenances, ce qui fait qu'on aime à converser avec eux.

La santé de ma tante va de mieux en mieux, on reçoit beaucoup de visites au château, nous faisons des excursions aux environs, nous avons été à une petite ville qu'on nomme Saint-Chamas, pour y voir la chasse aux macreuses; elle est fort curieuse et dure trois jours, et pendant ces trois jours, il y a grande affluence de monde dans le pays.

Le matin, on se rend sur le rivage pour s'embarquer, la foule se presse, et les petits bateaux se remplissent de chasseurs, de spectateurs; le préfet, les autorités en tête, ouvrent la marche, on entoure et on cerne ce gibier aquatique qui couvre la surface de l'eau, et lorsqu'il s'élève, effrayé par le bruit que l'on fait à cet effet, de nombreux coups de fusils, qui retentissent au loin sur le rivage, le font retomber par centaines, on en remplit les petits bateaux, et, la chasse terminée, on s'en retourne au son des instruments : le soir, un très-beau bal complète la fête : nous avons assisté à un des plus charmants ; l'intéressante a beaucoup dansé avec mon cousin, cette vie intime est dangereuse pour le cœur ; enfin, Sophie, après trois jours de divertissement, nous sommes retournés en cavalcade au vieux manoir ; la quantité de cailloux qui couvrent la Crau, ne permettant guère d'autre moyen de voyager ; nos cavaliers montaient de fidèles Rossinantes, et les dames le modeste Grison, qui portait lestement de si légers fardeaux ; c'est ainsi que nous avons fait notre entrée au château par l'allée des grands marronniers. Et après un peu de repos, notre premier soin à madame de *** et moi, a été d'aller visiter notre bosquet chéri où l'intéressante m'a continué son histoire.

Je vous disais, ma chère Clémence, que j'étais heureuse, je ne pensais pas que l'on pût jamais cesser de l'être : un prince qui voyageait, était venu à Arles pour visiter les antiquités qu'elle renferme : les habitants d'Arles sont si attachés à leur ville qu'il y a beaucoup de gens qui n'en sont jamais sortis que pour aller en foire de Beaucaire. La grande route ne passe à Arles d'aucun côté, pourtant cette ville mériterait par sa position et son étendue d'être un chef-lieu; dans un temps, il avoit été question d'y transférer le tribunal et la sous-préfecture qui se trouvent à Tarascon : si cela étoit, cette ancienne cité serait très-importante sous plusieurs rapports, soit par son débouché par le Rhône, soit par son riche territoire, alors, elle servirait de point d'appui aux villes environnantes et son utilité serait grande dans la Provence; mais je m'éloigne de mon sujet en discourant sur ce qui pourrait accroître la prospérité du berceau de mes jours.

Je disais que nous possédions dans nos murs, un prince étranger : lorsqu'un haut personnage arrive, on lui donne le divertissement du combat de taureaux; cet usage a l'air bien barbare, et je ne sais pourquoi il se conserve au milieu de la France civilisée, à Nîmes, à Arles; c'est sans doute à cause des arènes que ces villes renferment : à Nîmes, elles sont très-bien conservées, mais à Arles, elles sont en mauvais état et le combat a lieu sur la place de l'obélisque. On fait des barricades aux avenues des rues; autour de la place on dresse des échafaudages dangereux et souvent peu solides; mais c'est égal, chacun accourt pour voir l'homme aux prises avec un animal furieux que l'on excite avec de longues perches pointues et que les jeunes gens renversent avec beaucoup d'adresse en le prenant par les cornes ; mais il se relève plus furieux que jamais et se jette sur ses adversaires qui l'esquivent lestement au milieu des applaudissements des spectateurs. Si j'entre dans ces détails, c'est qu'ils se rattachent aux événements de ma vie.

Pour fêter le prince et rendre le combat digne du grand personnage qui devait y assister, tout était disposé. Au jour désigné, les échafaudages se garnirent d'une foule immense, le prince et sa suite étaient placés au balcon de l'hôtel-de-ville. A son arrivée, le combat commença au grand contentement des assistants ; déjà plusieurs taureaux étaient entrés dans la lice et avaient été victorieusement combattus, et l'on attendait avec impatience le dernier qui est toujours le plus méchant. A son arrivée, il fut attaqué, piqué de toutes parts, et en devint si furieux, qu'il renversa tout,

sauta les barricades, parcourut les rues,
et répandit l'alarme sur son passage; on
s'effrayait, on se cherchait, la foule se
pressait, se renversait, et la confusion est
à son comble; je courais un grand danger, lorsqu'un jeune cavalier, me prenant
dans ses bras, parvint, malgré l'encom-
brement, à me déposer dans l'église de
St-Trophime, qui se trouve sur la place.
J'étais évanouie; heureusement qu'un
flacon d'éther que mon libérateur portait
sur lui et qu'il me fit respirer, me fit
revenir de suite de mon saisissement;
après l'avoir remercié, je le priai de
vouloir bien s'informer de mes parents;
il s'empressa de se rendre auprès d'eux
et ce ne fut pas sans peine qu'il parvint
à les trouver; ils étaient dans une grande
peine, ne sachant ce que j'étais deve-
nue. Mon envoyé les rassura, et après
lui avoir témoigné leur reconnaissance,
ils le prièrent de retourner auprès de
moi, et que du moment qu'il verrait que
l'on pourrait sans danger me ramener
chez moi, d'avoir cette bonté, que, pour

eux , ils allaient tâcher de regagner le logis.

On parvint, non sans peine, à arrêter le furieux taureau : on l'enferma, et chacun rentra chez soi, où cet événement fit pendant plusieurs jours, le sujet de toutes les conversations.

Le cavalier qui m'avait secouruc avec
tant de zèle, était M. Schiller, baron
allemand qui voyageait en France comme
artiste ; il peignait le paysage ; les ruines,
les antiquités étaient le genre qu'il pré-
férait, c'est ce qui l'avait attiré à Arles et
l'y retenait quelque temps. Le lendemain, il vint s'informer de mes nouvelles ;
j'étais sortie avec ma mère, mon père
l'assura que nous étions parfaitement
bien, et que nous nous disposions pour
le bal du soir qui, sans doute, nous dé-
dommagerait de la frayeur que nous
avions ressentie. Avant de quitter le
baronnet, mon père lui fit promettre de
revenir nous voir; il l'assura qu'il profi-
terait de son accueil bienveillant.

Le bal qu'on donna au prince fut des

plus brillants, le local où il eut lieu était
beau, spacieux : l'escalier tapissé d'arbustes odoriférants, conduisait à des sa-
lons richement décorés , qu'ornaient des
guirlandes de fleurs , et des banquettes
de velours, rangées par gradins, recevaient
sur leur duvet soyeux les plus belles
femmes, que l'éclat des lumières et leurs
élégants costumes rendaient plus belles
encore; tout était noblement et gracieusement disposé. Dans le midi, on s'entend
parfaitement à ordonner des fêtes. Le
prince partit : plus de réunions, plus de
fêtes ; rendu à l'intérieur de la vie domestique , le calme de la solitude invite
à la réflexion, le cœur s'interroge alors,
et le mien était plein de l'image du jeune
étranger qui m'avait secourue avec tant
d'empressement. Le sentiment qui nous
porte vers l'objet qui nous intéresse, nous
fait désirer de lui être redevable, parce
que la reconnaissance justifie le penchant
qui nous attire à lui. J'étais dans cette
disposition à l'égard du baronnet, et si je
n'avais dû le voir qu'en société, combien

j'aurais regretté les plaisirs qui nous réunissaient ; mais d'après l'invitation de mon père, il venait nous voir très-souvent, et vivait presque dans notre intimité ; ses qualités aimables avaient captivé l'amitié de mes parents. Je ne saurais dire lequel de nous le voyait avec plus de plaisir ; j'avais dix-huit ans ; à cet âge, on croit au bonheur, l'esprit exalté rêve le beau idéal, il est dangereux de voir souvent celui pour qui on se sent de la sympathie. Mon père s'aperçut bien de mon penchant, mais il n'en conçut aucune crainte, pensant que jeune, riche et belle, le baronnet serait heureux d'obtenir ma main. On croit facilement ce que l'on désire, il voyait avec plaisir les progrès d'un sentiment qui, malgré le soin que l'on prend à le cacher, se décèle toujours dans les moindres choses ; il y avait bientôt un an que le baron était à Arles, mais depuis quelque temps, une tristesse profonde altérait sa santé. mon père pensa que l'amour et la crainte d'un refus occasionnaient son chagrin, il se décida à l'encourager à la première occasion. Un jour qu'il vint nous voir, il avait l'air plus mélancolique que de coutume; mon père lui demanda avec intérêt s'il n'était pas malade : non, dit-il je n'ai d'autre maladie que le chagrin que j'éprouve d'être obligé de me séparer d'une famille que je me plaisais à considérer comme la mienne. Eh bien ! lui dit mon père, qui vous force à nous quitter, puisque vous avez perdu les auteurs de vos jours? je vous en servirai. — Je ne puis accepter vos offres, et c'est ce qui met le comble à mon malheur : un oncle, frère de mon père, éleva mon enfance; cet oncle a formé pour moi un projet de mariage, c'est une résolution que je ne pourrai faire changer qu'avec le temps, et c'est dans cet espoir que je vais me rendre à Paris où il m'attend; en m'éloignant de vous, permettez-moi, monsieur le comte, de vous écrire, ce sera la seule consolation que j'aurai. Je viens d'achever un petit tableau où je me suis peint vous faisant mes adieux; il a le mérite de nous réunir tous dans un seul cadre; puisse cet emblème de mon souvenir vous rappeler celui qui ne forme d'autres souhaits que de se réunir pour toujours à une famille qui lui est si chère.

Cet ingénieux sujet qui reproduisait fidèlement notre image à tous, était d'une vérité, d'une verve qui le classent au nombre des chefs-d'œuvre de l'art.

Après le départ du jeune baronnet, nous éprouvâmes un vide affreux, nous ne nous plaisions plus qu'à la campagne; les beautés de la nature ont tant d'empire sur les âmes sensibles que nous en ressentîmes bientôt les effets; nous nous livrions aussi aux occupations qui distraient l'esprit, et le temps s'écoulait dans l'attente des nouvelles de l'ami que nous chérissions. Un jour que nous revenions de la promenade on remit à mon père une lettre de Paris; ce timbre me fit battre le cœur; mais hélas! nous fûmes trompés dans notre espoir; c'était le chargé d'affaires de mon père qui lui écrivait, sa lettre était ainsi conçue :

MONSIEUR LE COMTE,

« Des parents éloignés de feue ma-
» dame la comtesse de Rosemont, en
» vertu d'une substitution, attaquent le
» testament qui vous institue son héri-
» tier ; je ne vous cacherai pas que ce
» procès sera long et d'une issue dou-
» teuse, j'ai consulté les titres et les ai re-
» mis entre les mains d'un bon avocat.
» Empressez-vous, monsieur le comte,
» de vous rendre à Paris, votre présence
» y est indispensable.

Mon père alarmé du contenu de cette
lettre, vit d'un coup d'œil un procès immense et très-embrouillé, et il rassem-
bla son courage et son énergie afin d'en
faire usage dans une circonstance si malheureuse ; après avoir donné ses ordres,
on disposa tout et l'on se mit en route
sans délai.

Il y avait déjà quelque temps que nous
étions à Paris, lorsque nous reçûmes

plusieurs lettres d'Arles, il s'en trouva une du baron, où il disait que son vieil oncle, toujours entêté, était dans les mêmes dispositions à son égard ; mais qu'il espérait le faire changer, il nous témoignait son affection avec une effusion de cœur difficile à décrire, il nous disait de lui adresser nos lettres poste restante, attendu que, voyageant avec son oncle, ce moyen lui semblait le plus sûr pour ne pas apporter de retard à une correspondance qui lui était si précieuse.

Cette lettre nous fit le plus grand plaisir. Mon père s'empressa de lui répondre et de lui apprendre que nous étions à Paris pour y régler des affaires de famille.

Nous restâmes fort longtemps sans recevoir de ses nouvelles. Le procès de mon père prenait une issue défavorable ; mais il ne nous manifestait pas ses craintes ; il les gardait pour lui seul ; il n'avait rien changé à sa manière de vivre. Nous voyions le grand monde et nous jouissions de tous les plaisirs qu'offre la capitale ; mon père voulait éloigner de moi la solitude qui nourrit les tendres sentiments, en voyant les obstacles qui s'opposaient à mon union ; il craignait un attachement malheureux, que lui-même avait cimenté, et, n'en ayant pas prévu s s uites, il voulait du moins en tempéer les effets : les distractions sont les seuls remèdes à l'amour.

Nous nous livrions aux plaisirs avec cette gaîté qui fait le fond du caractère méridional ; mais le sentiment ne perdait rien de son charme, au contraire, je regrettais que les hommages que l'on m'adressait n'eussent pas pour témoin celui pour qui seul j'y attachais du prix ; les distractions que mon père nous procurait à ma mère et à moi, obtenaient le résultat qu'il s'en était promis, en éloignant de nous l'ennui, si funeste aux personnes du midi : ces esprits vifs, ces caractères mobiles ne sont pas faits pour la solitude, quelle que soit la nature de leurs chagrins, il leur faut la société.

Les gens du midi d'une constitution

plus faible que ceux du nord, sont naturellement indolents, les femmes surtout reçoivent une éducation si superficielle, qu'elles ne seraient propres à rien si elles étaient dans l'adversité ; mais dans la prospérité elles sont charmantes ; la variété, le brillant de leur esprit, les rendent aimables; mais hélas ! on n'est pas toujours heureux, le bonheur ne dure guère, et le mien s'évanouit comme la fumée du matin d'un beau jour.

Mon père perdit son procès, nous ne recevions pas de nouvelles du baronnet, la santé de ma mère était bien chancelante, nos amis (je ne sais si l'on doit donner ce nom à des connaissances que les convenances et les plaisirs rassemblent), s'éloignèrent de nous, sans nous faire aucune offre de service, lorsqu'ils surent que nous étions entièrement ruinés. Nous ne fûmes pas fâchés d'être débarrassés de ces froids témoins des malheurs d'autrui. Mon père avait eu la prévoyance de placer des fonds provenant de ses économies et qui nous mettaient à l'a-

bri du besoin ; avec le secours de la religion et de la philosophie qui en dérive,
nous nous consolions de la perte de notre fortune ; mais on ne se console pas
aussi facilement des peines du cœur, et
le silence du baronnet était un véritable
chagrin pour nous ; car dans le séjour
qu'il avait fait dans notre ville, il avait
gagné l'affection de mes parents, et moi
le sentiment que je lui portais, vous le
connaissez, Clémence, je ne vous en dirai rien. La perte de notre fortune nous
obligea de quitter le magnifique appartement que nous occupions. Nous nous lo-
geâmes bien modestement, et, de notre
ancien luxe, nous ne conservâmes que
le tableau d'adieu du baron ; il nous at-
tristait parfois, parce qu'il rapportait nos
pensées à un temps de prospérité. Néanmoins l'image de ce qu'on aime est toujours si consolante ! Il nous restait encore un ami, le chevalier Deville, officier
distingué, en retraite. Il avait servi avec
mon père, mais il avait continué le service lorsque mon père le quitta ; ils s'é-

taient retrouvés dans le monde, et depuis la perte de notre fortune, pensant que nous avions besoin de consolations, il était plus assidu à nous voir. Lui-même avait eu de grands revers à supporter, et il nous contait ses propres infortunes pour nous consoler. Rien ne lie comme le malheur ; mon père et lui étaient inséparables, et, si la santé de ma mère n'avait pas été en si mauvais état, nous nous serions accoutumés à notre nouvelle position ; mais hélas ! nous la perdîmes, cette tendre mère, cette épouse chérie ! Les expressions me manquent, ma chère Clémence, pour vous en détailler la douleur ; trop émue pour continuer mon récit, je le reprendrai plus tard.

Il y avait bientôt huit mois que nous avions perdu cette bonne mère, et sans les soins assidus du chevalier, nous aurions succombé à notre douleur; toujours pas de nouvelles du baronnet et nous n'osions même pas nous plaindre de son silence; car nous craignions de rappeler le passé. Un jour que nous nous livrions à nos tristes pensées, le chevalier vint nous voir et nous proposa une promenade aux Tuileries; nous acceptâmes, nous aurions cru manquer à cet excellent ami, si nous ne nous étions rendus à son invitation: nous y allâmes donc, j'étais en grand deuil, mon air de tristesse me faisait regarder.

A Paris, l'on fixe l'attention lorsque l'on diffère des autres par le costume ou par une physionomie qui annonce une disposition particulière de l'âme; le grand voile qui me couvrait excitait davantage les regards curieux. Fatigués de cette attention, nous allions nous retirer quand un jeune cavalier me fixant attentivement, s'écria : Oui, c'est elle, mademoiselle de Rosemont, monsieur le comte ! A ces mots nous nous retournâmes, mais quelle fut notre joie en reconnaissant le baron, que le ciel nous faisait retrouver si inopinément. Que de témoignages d'amitié nous avions à nous donner ! que de questions à nous faire ! aussi nous nous empressâmes de sortir des Tuileries , et le cœur satisfait, nous regagnâmes le logis.

Avant d'arriver à notre petit logement, il fallait monter quatre étages, et à l'aspect de ce simple réduit, le baronnet ne pût s'empêcher de dire : O ! fortune perfide si contraire aux mortels vertueux ! Vous, M le comte , qui en faisiez un si noble usage, vous, dont l'âme grande et généreuse, vous, logé...Mon père l'interrompit : Oubliez-vous, mon ami, lui dit-il, que nous avons le bonheur de vour recevoir sous cet humble toit, ainsi que le chevalier; vous en oubliez le plus bel ornement, la beauté jointe à la vertu : ma fille, dit mon père, elle fait ma félicité, mais sa mère, je l'ai perdue! cette conversation qui prenait une teinte si triste fut interrompue par l'arrivée de notre femme de ménage ; car nous n'avions plus de domestiques; il fallut donc s'occuper des apprêts du dîner, ce qui fit diversion. Je donnai des ordres pour que rien ne manquât pour fêter nos convives. Vous devez penser, que le chevalier et le baron étaient des nôtres ; nous éloignâmes de nous tous les sujets de tristesse, pour ne nous occuper que du plaisir de dîner avec nos amis ; les Français sont gais, les militaires aiment le bon vin, les Allemands aussi, nous tachâmes de nous en procurer du meilleur afin de les traiter du mieux qu'il nous serait possible ; le dîner se prolongea, et au dessert, mon père dit au baronnet : Comment se fait-il que vous soyez resté si longtemps sans nous donner signe de vie ? Je pourrais, M. le comte, vous adresser le même reproche ; mais voilà tout ce que je puis vous dire à ce sujet. Nous parcourions avec mon oncle les différentes villes de l'Italie, et celles qui offraient à mon art un plus grand intérêt nous y faisions un plus long séjour. Cette vie ambulante me fit préférer d'adresser mes lettres poste restante ; un domestique que j'avais laissé à Paris était chargé de me les faire parvenir, ainsi que celles qui étaient à l'adresse de mon oncle. Sans doute, que gagné par lui, il les aura interceptées ; car je n'ai jamais reçu que celle qui m'apprenait que vous étiez à Paris pour y régler des affaires de famille. Un temps infini se passa ; ne sachant ce que vous étiez devenus, j'étais dans un chagrin mortel, ajoutez à ma situation pénible, que mon oncle m'entretenait continuellement du mariage qu'il avait projeté pour moi, et vous aurez une idée de mon ennui ; pourtant je ne désespérais pas, je me disais , s'il connaissait cette noble famille , s'il voyait l'intéressante Rosine, il changerait sans doute de résolution; mon oncle m'aime, je suis le seul héritier de son nom, et il y tient beaucoup ; ces pensées me consolaient un peu. Si j'avais su en quel lieu vous trouver, j'y aurais conduit les pas de mon oncle ; j'écrivis à Arles à votre homme d'affaires je ne fus pas plus heureux, il ne put me donner aucun renseignement sur votre compte ; il m'apprit seulement que vous aviez perdu votre procès et votre épouse ; ces tristes nouvelles firent sur moi une telle impression que j'en fus malade ; lorsque je fus un peu mieux, je pris la ferme résolution de vous chercher partout ; mais ce projet demandait du temps, il fallait que j'accompagnasse mon oncle en Allemagne, ensuite trouver un prétexte pour revenir en France, ce qui a fait ce long intervalle qui nous a séparés ; dans cette cruelle si-

tuation je ne sais ce que je serais devenu
si la peinture ne m'avait offert ses distractions et en même temps un moyen
de réaliser mon projet ; je venais d'achever un tableau de genre que j'avais
commencé à Rome ; je fis part à mon
oncle du désir que j'avais de le présen-
ter à l'exposition de Paris ; mon oncle
aimait les arts et la renommée, il y con-
sentit et je profitai de ses bonnes dispositions pour me mettre en route.

A peine étais-je arrivé que je m'em-
pressai de me rendre à l'adresse que vous
m'aviez indiquée dans la seule lettre que
j'ai reçue de vous, ne doutant pas que là
on saurait m'indiquer où je pourrais
vous retrouver; mais quel fut de nouveau
mon chagrin quand le concierge de l'hôtel que vous occupiez, me dit qu'il ne
savait ce que vous étiez devenus et qu'il
pensait que vous aviez quitté Paris : toutes mes recherches pour vous trouver
furent vaines; mon tableau à l'exposition,
obtenait le plus grand succès; mais il ne
m'intéressait plus, puisque ceux de qui

j'aurais désiré le suffrage ne devaient pas le voir : je me décidai de quitter Paris et d'errer à l'aventure comme un pauvre pèlerin vous cherchant en tous lieux. Ces pensées m'occupaient lorsque j'entrai aux Tuileries, que je croyais revoir pour la dernière fois; mais la destinée en avait ordonné autrement, je vous retrouvai, je vous revis, ô bonheur inattendu ! vous savez le reste, M. le comte.

Le récit du baronnet, nous avait vivement intéressés, nous voyions avec plaisir que son attachement pour nous ne s'était pas démenti, que malgré nos malheurs, il nous était resté fidèle. Il faut que je vous dise, mon ami, dit mon père, ce qui a rendu vos recherches inutiles : je me nomme Richard de Rosemont; après la perte de ma fortune, venant occuper le modeste asile que vous voyez, j'ai pensé que le nom de Richard était plus analogue à ma nouvelle position, voulant vivre ignoré : c'est ce qui a causé les difficultés de notre rapprochement, et puisque la providence nous a réunis, espérons que ce sera pour notre bonheur commun.

Depuis ce jour fortuné notre existence se trouvait totalement changée, elle s'était embellie, et si nous n'avions eu à déplorer la perte de ma mère, nous nous serions crus heureux : le monde que nous avions quitté, nous ne le regrettions pas ; il laisse tant de vide dans le cœur et dans l'esprit, que la vie appréciative du temps est préférable et intéresse davantage.

Le chevalier et mon père aimaient beaucoup la littérature et s'en occupaient exclusivement. Ces messieurs avaient le goût sûr, je formais le mien, je devenais plus difficile en les écoutant : les gens de lettres et les artistes composaient notre société habituelle, cette vie paisible n'était troublée que par la crainte de la voir changer. Notre position n'était que précaire, le vieil oncle pouvait rappeler son neveu d'un moment à l'autre et je ne me sentais pas la force de supporter une nouvelle séparation. Je ne sais si ces réflexions occupaient mon père, je le trouvais parfois triste et rêveur, sa santé n'était pas très-bonne; heureusement que le chevalier relevait nos espérances, et que le baronnet, aimable, empressé, et constant, dissipait mes craintes. La voix de ce qu'on aime est si persuasive ! cependant elle ne peut empêcher d'éclater la tempête qui gronde sur nos têtes, et nos pressentiments ne tardèrent pas à se réaliser. Ce que nous redoutions arriva; le baronnet reçut une lettre de son oncle qui lui annonçait qu'il était très-mal et l'engageait à se rendre de suite près de lui; cette triste nouvelle l'affligea sensiblement.

Que faire dans une situation aussi embarrassante? il fallait prendre un parti, et mon père demanda au baronnet à quoi il se décidait. Je partirai, dit-il, mais je ne partirai qu'avec le titre d'époux de votre fille. Y pensez-vous, lui dit mon père, réfléchissez! votre oncle n'est peut-être pas aussi malade qu'il vous l'annonce; s'il tient à son mariage, en persistant dans votre refus, il peut vous deshériter, ma fille n'a plus maintenant une fortune à vous offrir ; allez, rendez-vous auprès de celui qui éleva votre enfance, et si vous êtes heureux, nous tâcherons de nous consoler. C'est vous, monsieur le comte, dit le baronnet, qui me tenez ce langage? cette fille, objet de votre amour et du mien, ne me la donniez-vous pas dans un temps de prospérité, où tout ce qu'il y avait de plus grand, de plus riche, briguait l'honneur de cette alliance? et vous voudriez maintenant que je fusse ingrat? Mon oncle, il est vrai, est entêté comme un Allemand, mais aussi généreux qu'eux: je ne serais pas digne de son nom et de sa fortune, si je me conduisais de la sorte. Tout fut inutile, mon père fut obligé de se rendre à ses désirs. Eh bien, lui dit-il, soyez mon fils! vous l'êtes depuis le moment que je vous ai connu; je vous donne ce que j'ai de plus cher au monde, mais vous allez vous conformer à ma décision : nous allons passer le plus tôt possible le contrat civil, et, du moment qu'il sera signé, nous monterons en voiture pour nous rendre auprès de votre oncle, car je compte vous accompagner dans ce voyage ; ma fille, de son côté, se rendra en Provence , chez madame la marquise de Dorville. C'est là qu'elle attendra notre arrivée et, à notre retour , nous célébrerons votre mariage à l'église.

Le baronnet était majeur ; il n'avait besoin du consentement de personne ; il nous avoua que décidé à saisir la première occasion qui se présenterait d'unir son sort au mien, il avait pris la précaution de se munir des papiers nécessaires à cet effet ; aussi dans l'espace de quinze jours tout fut terminé, et le baron et mon père se mirent en route. Je partis en même temps qu'eux; le bon chevalier m'accompagna, ce qui fit le plus grand plaisir à mon père; il profitait de ce voyage pour aller rendre visite à une sœur qui habitait Toulouse ; il l'aimait beaucoup , et il ne l'avait pas vue depuis fort longtemps. Le chevalier séjourna quelques jours au château , et en partant, il nous fit la promesse de revenir nous voir.

Je ne vous dirai rien de l'accueil de la marquise; bonne, officieuse, elle avait toujours entretenu des relations d'amitié avec ma famille.

Vous connaissez maintenant, Clémence, mes malheurs; fasse le ciel que je n'en aie pas de plus grands à supporter! Depuis trois mois que j'habite ce château, je n'ai reçu qu'une lettre du baronnet; mon père y avait tracé quelques lignes de sa main. Cette lettre attendue avec tant d'impatience, ne me donnait aucun détail, ce qui me jette dans la plus grande inquiétude. L'oncle serait-il inexorable? mon père serait-il malade? je ne sais que penser; mais votre présence ici, Clémence, a dissipé un peu mon chagrin, et mes infortunes se sont adoucies en vous les racontant.

Du château de Boisvert.

Ma chère Sophie, je te fais passer, par occasion, mon gros paquet de lettres, qui contient l'histoire entière de madame D*** ; je te l'envoie sans y ajouter aucune réflexion.

La vie que nous menons ici est toujours fort agréable ; si tu étais auprès de moi, Sophie, je serais aussi heureuse qu'on peut l'être dans la position incertaine où je me trouve. Tu connais mes malheurs, tu sais combien la fortune de mon père était dérangée, les revenus viagers dont il jouissait se sont éteints avec lui, et les débris de son héritage ont suffi à peine à faire honneur à des engagements sacrés ; mon mariage rompu lui avait causé un grand chagrin, et moi, ayant perdu l'objet de mes affections les plus chères, je languis sans espoir puisque le sort m'a séparée de celui qui seul aurait fait mon bonheur. Hélas ! qu'une action inconsidérée nous cause de tourments et nous éloigne bien souvent de la direction qu'il nous convenait de suivre dans le monde ! Ces réflexions sont plus relatives aux femmes qu'aux hommes ; la loi les instituant les arbitres de notre sort, il leur est plus facile qu'à nous de rentrer dans la voie qui leur convient, lorsqu'ils s'en sont écartés ; mais notre destinée à nous se rattache bien souvent aux premières impressions qui décident presque toujours de notre avenir.

Adieu, Sophie, je termine ma lettre, elle est attendue ; je n'ai que le temps d'assurer ton père et toi de mon amitié.

Clémence.

Sophie, je ne sais ce qui se passe ici , mais depuis quelque temps on n'y parle que de mariage. Est-ce que l'on voudrait marier le jeune comte de Dorville? ce n'est pas possible ; à peine il commence sa carrière militaire. Il n'y a qu'une année qu'il fait partie de la maison du roi ; voilà bientôt la fin de son semestre, il faudra qu'il retourne à Paris. S'il est resté si longtemps auprès de son aïeule, c'est l'amour qui l'a retenu. Pauvre cousin ! s'il savait que sa belle Rosine est engagée, il serait désespéré, il la croit veuve ; personne n'est dans le secret que ma tante et moi ; mais revenons à ce qui cause ma crainte. Ce n'est pas sans motif que ma tante parle de mariage, elle voudrait fixer mon sort, et quoique je sente comme elle le besoin d'un appui, je ne pourrai jamais m'y déterminer. Les parents ont raison de vouloir marier leurs filles jeunes; alors on se fait plus facilement à l'esprit et au caractère de ceux avec qui l'on doit vivre; mais, à un âge plus avancé, il faut que le cœur conduise la main; le mien ne m'appartient plus, et tout ce qu'on pourrait faire pour me faire changer d'avis serait inutile.

Adieu, Sophie, ton amie.

Clémence.

Mes craintes, Sophie, n'étaient que trop fondées; ma tante manifeste plus que jamais le désir de me voir mariée. On attend le prétendu; son nom est un secret; on dispose tout pour le recevoir, et ma tante nous a dit aujourd'hui avec une gaîté extraordinaire que notre société allait s'augmenter de deux aimables cavaliers. Eh bien! Sophie, je ne veux pas me tourmenter d'avance; qu'ils viennent, ces étrangers si désirés; j'attends les événements, on ne me mariera pas malgré moi, je pense; ma tante est trop bonne pour persister dans une résolution qui me rendrait malheureuse.

Cette lettre, Sophie, je ne la continue-

rai que quand je pourrai te dire quelque
chose des mystérieux personnages qu'on
attend.

Les voilà arrivés ces étrangers si re-
doutés; tu les connais, Sophie, et tu n
les devines pas ; le cœur de ton amie bat
avec une vitesse extrême; il me semble
t'entendre dire : J'y suis, je devine, Félix de Bréville; tu l'as dit, c'est lui et le
baron d'Albes, son beau-père. Félix est
veuf... ici je m'arrête ; je t'entretiendrai
bientôt des détails qui intéressent ton
amitié.

Adieu, ton amie,

Clémence.

C'est au baron d'Albes que je dois, Sophie, mon bonheur.

Tu sais que le lendemain de nos tristes adieux, Félix partit pour Toulon avec son père; M. de Bréville s'arrêta à Marseille auprès d'une sœur qu'il y avait; c'est là qu'il devait attendre l'arrivée de son fils; son voyage dura une année; ensuite se rendant aux vœux du baron, il épousa sa fille qu'il rendit heureuse. Le baron l'aimait tendrement, et la naissance d'un fils resserra encore davantage les liens de famille, son aïeul le tint sur les fonts baptismaux, on le nomma Henri; sa mère voulant le nourrir, sa santé, qui était délicate, en fut tellement

altérée qu'elle donna des craintes pour
ses jours. Hélas! elles se vérifièrent, ces
craintes, et la mort l'enleva au printemps
de ses belles années. Je ne parlerai pas,
Sophie, de la douleur de son père, ni de
celle de son époux, les expressions sont
bien faibles pour peindre leur profonde
affliction. Félix était attaché sincèrement
à sa femme, et quoique le cœur puisse
éprouver quelque chose de plus sympa-
thique, la douleur est sincère en perdant
sa compagne et la mère de son enfant.

Deux ans s'étaient écoulés depuis la
mort de sa femme, et Félix eut à supporter un nouveau malheur, la perte de
son père, ce qui augmenta son chagrin.
Le jeune Henri était sa seule consolation,
et, pour se distraire de ses peines, il s'oc-
cupait de son éducation. Dans sa solitude,
j'étais présente à sa pensée; mais il n'o-
sait s'informer de moi dans la crainte
d'apprendre que j'étais mariée, car il s'é-
tait passé bien du temps depuis notre
séparation; le silence qu'on avait toujours gardé à notre égard le confirmait

dans son opinion. Mais le baron, qui aimait son gendre, se rappelant son mariage rompu, son désespoir et le mien, décidé à nous réunir, écrivit à ma tante pour avoir sur mon compte les éclaircissements qu'il désirait connaître. Elle lui apprit que j'étais auprès d'elle, que j'avais perdu mon père, que j'avais toujours refusé de me marier, ce qui contrariait le désir qu'elle avait de me voir établie. Le baron ne s'était pas expliqué avec elle et ne lui avait pas fait part de ses intentions, ni du veuvage de Félix, se réservant de s'expliquer dans une autre lettre.

Dès que le baron sut ce qu'il désirait, il s'empressa de dire à son gendre qu'il était beaucoup trop jeune pour garder le célibat, et qu'il lui avait fait choix d'une femme ; votre fils a besoin d'une mère, et moi j'ai besoin de consolations ; celle que je vous destine est Clémence de Rochelle. Juge, Sophie, de sa surprise ; le baron se hâta de lui apprendre tout ce qui me concernait, et ils convinrent tous deux qu'on écrirait de nouveau à ma tante, qu'ils lui feraient part de leurs intentions, et que du moment où ils auraient reçu sa réponse, ils se rendraient au château.

C'est d'après cette lettre que ma tante se faisait un malin plaisir de me tourmenter, étant bien sûre d'avance que j'en serais dédommagée.

Adieu.

Clémence.

Je suis à la veille d'unir mon sort à celui que j'aime, et pourtant je ne puis m'empêcher d'être triste, en pensant à mon père ; il désirait tant de voir cet hymen s'accomplir ; mais nous avons tous des larmes à répandre sur les objets de nos affections ; aussi mon mariage se fera-t-il le plus simplement possible. Encore un autre motif de chagrin : madame de *** ne reçoit pas de lettres de son père, ni du baronnet ; ma tante commence réellement d'être alarmée de ce silence, la santé du comte n'était pas très-bonne lorsqu'il se mit en route, et puis, Sophie quand on n'est pas heureux, tout nous donne des craintes ; puissent celles que nous éprouvons maintenant n'être que chimériques ! Adieu, Sophie, je ne t'écrirai pas longuement aujourd'hui, je vais tâcher de consoler cette pauvre Rosine.

Clémence.

Que la veille, Sophie, ressemble souvent peu souvent au lendemain ! Et le destin, si fragile, a-t-il des jours marqués pour le bonheur ! Pour distraire madame de ***, nous faisions ensemble de longues promenades ; Félix nous accompagnait toujours. Un jour que, revenant au château, la conversation roulait sur les voyageurs attendus avec tant d'impatience, nous entendîmes, à peu de distance de nous, le roulement d'une voiture ; c'était une chaise de poste qui allait avec une vitesse extrême. Passant près de nous, une voix cria au postillon d'arrêter ; mais le bruit de la voiture l'empêcha d'être entendu, et ce ne fut qu'à la porte du château que nous pûmes la rejoindre, et là, s'arrêtant, nous en vîmes descendre deux cavaliers de bonne mine; ces deux cavaliers, Sophie, étaient le comte de Rosemont et le baronnet. Rosine vole dans leurs bras et serre contre son cœur son père et son époux. Juge de notre contentement de revoir enfin ces voyageurs si désirés, et qui nous avaient donné tant d'inquiétude; chacun cherchait à leur donner des témoignages de sa satisfaction, et il n'y avait que le cher cousin qui était d'un étonnement extrême; mais la charmante Rosine cherchait à le dédommager par ses manières gracieuses.

Les premiers instants furent donnés à la tendresse, et après avoir pris un peu de repos, ma tante, qui désirait connaître de quelle manière le baronnet s'était tiré d'affaire avec son oncle, le pria de nous en faire le récit; il se rendit à cette invitation de la meilleure grâce du monde et nous apprit qu'arrivé à Vienne, le comte de Rosemont descendit dans un

hôtel, et lui, se rendant ensuite auprès
de son oncle, le trouva beaucoup mieux
portant que sa lettre ne l'annonçait, que
le plaisir de le revoir sembla lui donner
encore de nouvelles forces, que chaque
jour il lui donnait des preuves d'affection, mais qu'il le pressait constamment
de se rendre à ses désirs au sujet du mariage projeté. N'ayant plus de motif possible à alléguer à son oncle, il fallait
s'expliquer franchement ; dans cette con-
joncture difficile, il avait besoin d'être
secondé, c'est alors qu'il sentit toute
l'importance du voyage du comte, lui
seul pouvait le tirer d'embarras, et décider la question où la délicatesse s'était
engagée ; il le pouvait par l'ascendant
que les grandes âmes ont sur les cœurs
généreux. Il fut convenu que le comte
rendrait visite au vieux baron : ce dernier le connaissait déjà de nom, cette
visite, ce voyage lui annonceraient par
avance quelque chose d'important à lui
communiquer. Effectivement, en voyant
le comte, il se douta qu'il avait à lui

parler d'affaires sérieuses; sa bonne mine le disposa en sa faveur, et la franche réception qu'il lui fit les mit tous deux à l'aise. Après les premiers compliments, on aborda la question; le baronnet était présent à cet entretien.

Le comte commença par lui dire le service que son neveu avait rendu à sa fille, alors héritière d'une grande fortune; que l'amitié qui les unissait l'avait décidé à lui faire l'offre de sa main, ignorant les vues qu'il avait sur lui; ensuite racontant ses malheurs, il n'oublia pas de lui dire qu'il avait tout fait pour le détourner d'une union contre laquelle il s'était déclaré; mais que, d'après sa lettre, ayant conçu des craintes pour des jours si précieux, et son neveu ne vou-

lant s'éloigner d'eux qu'avec le titre d'é-
poux de sa fille, il avait cru devoir se rendre à ses désirs en passant le contrat civil,
afin de pouvoir se mettre en route et venir le trouver, espérant d'apaiser sa co-
lère et d'obtenir grâce.

A peine le comte avait-il fini son récit
que le vieux baron lui prenant la main
la serra affectueusement en signe de consentement, et lui dit : Mais vous avez oublié le plus intéressant, et ma nièce! où
est-elle ? je serais content de la voir. Ma
fille, dit le comte, au moment de notre
départ pour Vienne, se rendit en Provence, auprès de la marquise de Dorville,
un ami fidèle l'accompagna, c'est là
qu'elle doit attendre notre arrivée. Son
mariage n'a pas encore reçu la sanction
de l'église, nous en avons remis la célé-
bration à notre retour, désirant avoir
votre consentement. Eh bien ! dit le baron, il faudra se presser de partir, il faut
tirer de peine cette chère enfant ; mais
auparavant passons le contrat de mariage, vous l'avez oublié ; je vais faire

appeler mon notaire, il y aura un nom en
blanc, c'est égal, on le remplira plus
tard. Cette clause était bien embarrassante, nous n'avions rien à stipuler, et la
surprise du comte fit sourire le vieil oncle. Le notaire arriva. Après les articles
dressés, les préliminaires remplis, le baron, prenant la parole, dit : Je dote ma
nièce de trois cent mille francs, et mon
neveu, je l'institue mon héritier, êtes-
vous content, mon cher Anatole? Le baronnet, pour toute réponse, tombant aux
genoux de son oncle, les embrassa avec
une profonde reconnaissance.

On ne tarda pas à se mettre en route
avec promesse que du moment que le
mariage serait béni par l'église, on re-
viendrait près de lui; qu'en attendant,
il allait s'occuper des cadeaux qu'il voulait faire à sa nièce, qui, par son rang
et sa fortune, serait obligée de paraître à
la cour.

Tu vois, Sophie, que tout va pour le
mieux; on se dispose à célébrer nos deux
mariages le même jour, et l'on n'attend

plus que le chevalier, à qui on a envoyé un exprès.

Adieu, Sophie, toute à toi,

Clémence de Rochelle.

Sophie, l'antique chapelle du château a
reçu nos serments. Le jeune comte conduisait Rosine à l'autel, son amour faisait
un dernier effort; le chevalier me donnait la main, et le baron d'Albes la donnait à ma tante ; le comte de Rosemont,

le baronnet et Félix nous suivaient ; les domestiques du château, les villageois en habits de fête, remplissaient la chapelle ; ma bonne gouvernante versait des larmes d'attendrissement, et le discours que M. le curé nous adressa était si plein d'une douce onction que les assistants en ont été vivement touchés, et le *oui* solennel fut prononcé avec la plus tendre émotion, et ton amie est maintenant madame de Bréville.

Cette lettre, Sophie, est la dernière que tu recevras de moi ; nous allons bientôt nous rendre à Paris avec Félix pour conduire son fils au collége ; le cousin part avec nous pour aller reprendre son service auprès du roi ; le baron d'Albes retourne dans sa terre où des affaires l'appellent ; le baron Scheller et sa femme s'en vont à Vienne retrouver le vieil oncle, le comte de Rosemont et son ami le chevalier passeront l'hiver auprès de ma tante, et le savant curé est réjoui d'avoir des collaborateurs pour ses expériences de chimie et de physique.

105

Adieu, Sophie, je ne tarderai pas d'a-
voir le plaisir de t'embrasser.

Clémence de Bréville.

FIN.

9 782329 750996